¿PODEMOS CONFIAR
EN DIOS
EN MEDIO DE
NUESTRAS PRUEBAS?

T O N Y   E V A N S

Publicado por
Editorial Unilit
Miami, Fl. 33172
Derechos reservados

© 2007 Editorial Unilit (Spanish translation)
Primera edición 2007

Originalmente publicado en inglés por Moody Publishers, con el título:
Can God be Trusted in our Trials.
© 2004 por el doctor Tony Evans.
Traducido con permiso.
Todos los derechos reservados.

*(This book was first published in the United States by Moody Publishers, 820 N.
LaSalle Blvd., Chicago, Illinois, 60610, with the title **Can God be Trusted in
our Trials**, Copyright © 2004 by Dr. Tony Evans. Translated by permission.)*

Traducción: Dr. Andrés Carrodeguas

Las citas bíblicas señaladas con RV-1960 se tomaron de la Santa Biblia, Versión
Reina Valera 1960. © 1960 por la Sociedad Bíblica en América Latina.
Usadas con permiso.

Producto 495456
ISBN 0-7899-1414-X
Impreso en Colombia
Printed in Colombia

Categoría: Vida Cristiana/Vida práctica/General
Category Christian Living/Practical Life/General

CONTENIDO

❶

NUESTRAS PRUEBAS TIENEN UNA RAZÓN DE SER POSITIVA

Cuando yo era niño, me solía irritar cada vez que sustituían mi programa favorito de televisión con las pruebas del Sistema de Difusión de Emergencia, que sería usado en caso de que Estados Unidos fuera atacado, o se produjera algún otro desastre. Cuando llegaba el momento de hacer una de esas pruebas, se interrumpía la programación normal, y una voz anunciaba: «Esto es una prueba».

Lo estupendo de aquellas pruebas en la televisión era que solo duraban unos sesenta segundos, y después volvía la programación normal. Supermán siempre atrapaba a los malos y rescataba a Luisa Lane, y todo terminaba bien.

Pero la Biblia indica con una claridad a la que es imposible escapar, que las pruebas de la vida no son simples interrupciones de sesenta segundos, después de las cuales las cosas vuelven a su estado normal, y todo está bien de nuevo. Por eso necesitamos conocer la razón por la que Dios nos somete a esas pruebas, los recursos espirituales que Él nos ha dado para que triunfemos en cualquier prueba, y tal vez lo más importante de todo: su fidelidad a nosotros a lo largo de todo el tiempo en que soportemos nuestras pruebas.

Quiero comenzar ofreciéndole una definición bíblica de lo que son las pruebas. Son circunstancias adversas o negativas que Dios, o bien produce, o bien permite que sucedan, con el fin de desarrollarnos espiritualmente. Las pruebas son de todos los tamaños y de todos los colores: en lo físico, en lo económico, en las relaciones, en las emociones y en la vida espiritual, por mencionar unas pocas. La declaración más amplia que hace la Biblia con respecto a las pruebas de la vida nos enseña esta verdad tan básica. El apóstol Santiago escribe: «Hermanos míos, tened por sumo gozo cuando os halléis en diversas pruebas, sabiendo que la prueba de vuestra fe produce paciencia. Mas tenga la paciencia su obra completa, para que seáis perfectos y cabales, sin que os falte cosa alguna» (Santiago 1:2-4).

En estos versículos hay varios conceptos clave sobre los cuales necesitamos hablar, pero el que suele agarrar desprevenida a la gente es el mandato bíblico de tener nuestras pruebas «por sumo gozo». Esas palabras no parecen tener lógica alguna. ¿Cómo podemos tener gozo en medio de una prueba, cuando todo nos va mal? Recuerde que por definición, las pruebas son circunstancias negativas. Pero Dios hace su entrada en medio de esas pruebas y nos dice que no solo sintamos gozo, sino que sintamos *sumo* gozo porque nos han sobrevenido esas cosas. ¿Cómo podremos hacer algo así? Lo podemos hacer porque sabemos algo importante, que se nos explica en Santiago 1:3-4.

Por negativos que parezcan nuestros problemas, siempre aparecen por una razón positiva, que es la de desarrollarnos espiritualmente. Dios no nos está diciendo que nos sintamos gozosos por el dolor que estamos sintiendo, sino por la razón de ser de ese dolor y por sus resultados, que son nuestra perfección y nuestra madurez espiritual.

> CUANDO DIOS NOS PRUEBA, ES HORA DE QUE APRENDAMOS OTRA LECCIÓN.

GOZO CONTRA ALEGRÍA

Tal vez esto le parezca «cosas de los predicadores», así que veamos cómo nos es posible sentir un gozo desbordante en nuestras pruebas… o a pesar de ellas. En primer lugar, observe que la Biblia no dice: «Tenedlo todo por alegría». La razón de esto es que la alegría es movida mayormente por las circunstancias. Depende de lo que esté sucediendo. Si lo que le está sucediendo es bueno, usted se siente alegre. Le dan un aumento de sueldo en el trabajo, y se siente alegre. Pero lo reprenden, y se siente triste.

En otras palabras, la alegría es básicamente un sentimiento. Está situada en el mundo de nuestras emociones, y sujeta a todas sus fluctuaciones. Nuestras emociones hacen que reaccionemos, no que pensemos. Por eso saltamos de miedo cuando aparece de manera inesperada el monstruo en una película de terror. Cuando lo hacemos, estamos reaccionado ante algo que es una fantasía total, y que sabemos que no es cierto. Sin embargo, sigue teniendo el poder de asustarnos, porque las emociones no se detienen a considerar si lo que estamos viendo es real o si es ficción. Nuestros sentimientos reaccionan ante la información que se les da, tanto si es cierta como si no lo es. Este no es el gozo que se encuentra a nuestro alcance cuando nos encontramos con una prueba.

UNA SUMA

En Santiago 1:2, la palabra traducida como «tener» es un término tomado de las matemáticas. Significa hacer una suma de las cosas; sacar cuentas acerca de una situación. Santiago quiere que hagamos una suma con las razones por las que tenemos pruebas, así como el crecimiento y la bendición que Dios quiere que produzcan, y tengamos como total de nuestra cuenta ese «sumo gozo».

Aquí Santiago está hablando de las matemáticas divina, porque raras veces las pruebas parecen tener significado o lógica alguna, si solo las miramos desde el punto de vista humano. Por lo general, nuestra reacción es algo al estilo de «¿Por qué me está pasando esto, y por qué precisamente ahora? ¿Qué he hecho para merecer esto?»

Tal vez usted no haya hecho nada en particular para merecerse la prueba. Santiago no está hablando de esos problemas que nosotros nos creamos con nuestros pecados y nuestras malas decisiones (Santiago 1:13-15 habla de estas cosas). Esto lo sabemos por las palabras *cuando os halléis* (v. 2). Esas palabras se refieren a algo con lo que uno se tropieza, no a algo que uno hace caer sobre su propia cabeza. Solo por el hecho de estar vivos, nos vamos a encontrar en medio de pruebas. No hay quien escape de ellas.

Si a usted le pasa lo que a mí, seguramente recibirá correspondencia dirigida al «Ocupante actual» de su casa. No es necesario ser una persona determinada, ni hacer nada para que nos llegue una carta de este tipo, que nos encuentra sencillamente porque estamos viviendo en nuestra casa. No estoy sugiriendo que las pruebas que Dios manda o permite nos vengan al azar. Es lo contrario. Lo que estoy diciendo es que todo lo que tenemos que hacer para ser candidatos a las pruebas, es ocupar un espacio en este planeta. Jesús les dijo a sus discípulos: «En el mundo tendréis aflicción; pero confiad, yo he vencido al mundo» (Juan 16:33).

ESTO VA A SALIR EN EL EXAMEN

Las pruebas son inevitables, pero eso no quiere decir que no sea posible sacarles provecho. Cuando Dios nos prueba, es hora de que aprendamos otra lección para podernos mover al siguiente nivel espiritual. Como buen maestro, Dios nos examina con el fin de prepararnos para el grado siguiente en la vida.

Tal vez usted recuerde los exámenes que le hacían en la escuela para ver si estaba preparado y podía avanzar al grado siguiente. La mala noticia era que usted tenía que hacer el examen, pero la buena era que cuando lo pasara, estaría demostrando que estaba listo para el siguiente nivel. Por supuesto, una vez que llegaba al nivel siguiente, también se encontraba con un nuevo examen para ese nivel, pero aquello formaba parte del proceso.

Dios tiene en mente el mismo propósito de hacernos crecer y avanzar cuando nos prueba. Puede sentir sumo gozo cuando Dios se tome el tiempo necesario para ponerlo a prueba, porque eso significa que lo está llamando a avanzar. Lo quiere ver triunfar, para que pueda crecer.

Muchas veces nos quejamos de que nuestras pruebas son demasiado duras para nosotros, pero es mejor que lo pensemos un momento. ¿No le alegra el que ya no esté batallando con las mismas tentaciones y los mismos obstáculos con los que se tuvo que enfrentar poco después de haber creído (si es este ciertamente el caso)? Espero con toda sinceridad que, si usted lleva algún tiempo como cristiano, haya hecho el progreso espiritual suficiente para poder mirar atrás y decir: «Sí, yo solía batallar de verdad con ese problema. Pero he aprendido unas cuantas lecciones valiosas que han hecho que dé la impresión de que el problema se ha esfumado».

No me malinterprete. No estoy hablando de ser perfecto, sino de crecer hacia la madurez. ¿Se puede imaginar algo más triste que un hombre de cuarenta años que aún esté batallando con la tentación de robarse las monedas del armario de su padre, o de llevarse una galleta dulce del bote que tiene su madre en la cocina? Pues exactamente esa es la situación de muchos cristianos en su vida. No están aprobando los exámenes que Dios les pone, así que siguen atascados en el jardín de la infancia, hablando en sentido espiritual.

Usted necesita saber algunas cosas más acerca de las pruebas que manda Dios. Como buen maestro, Dios solo nos hace el examen de acuerdo con la información que se encuentra a su alcance en la Palabra. Por consiguiente, si usted está pasando por una prueba, le puede pedir al Espíritu Santo que le revele la verdad o la lección que Dios quiere que conozca.

También necesita saber que Dios cree en seguirle repitiendo el examen hasta que pase de grado. Así que, si no quiere verse como un adulto sentado en una sillita del jardín de la infancia, póngale atención a la prueba que está pasando, asegúrese de buscar con diligencia lo que piensa Dios acerca de ella. Lo puede hacer con toda confianza, porque Santiago 1:3 dice que Dios tiene un buen propósito detrás de ella.

NUESTRAS PRUEBAS SON HECHAS A LA MEDIDA

Otro aspecto importante de nuestras pruebas y de su razón de ser, es que tanto las pruebas suyas como las mías, son diseñadas con nuestro nombre escrito en ellas. Son hechas a la medida. Por ejemplo, esto significa que usted no le puede decir a Dios: «¿Por qué tengo que pasar por todo este sufrimiento físico, cuando Pepe y todos mis demás amigos se sienten tan bien?». Tampoco Pepe le puede decir al Señor: «No comprendo por qué estoy batallando tanto con la economía, que apenas me alcanza el dinero, mientras que Pedro y mis demás amigos pagan sus deudas con tanta facilidad».

Pedro tuvo este problema, tal como se describe en Juan 21:18-22. Jesús había resucitado de entre los muertos y estaba restaurando a los discípulos, en particular al propio Pedro, en el ministerio. Entonces le dijo que iba a morir mártir.

Sin embargo, Pedro pareció estar más interesado en las pruebas que Dios le tenía reservadas a Juan, porque le dijo a Jesús: «Señor, ¿y qué de éste?» (v. 21). Jesús le respondió diciéndole que el futuro de Juan no era asunto suyo. «Sígueme tú» (v. 22), fue todo lo que nuestro buen Pedro necesitaba saber.

ES IMPORTANTE NO DARSE POR VENCIDO

He aquí un principio importante más acerca de las pruebas, antes que sigamos adelante. No se desaliente ni se frustre hasta el punto de echarlo todo a rodar antes de haber terminado el examen. No se limite a responder la mitad de las preguntas para marcharse después del aula. Santiago escribe: «Mas tenga la paciencia su obra completa» (1:4). En otras palabras, termine el examen. Si no, va a atrofiar el proceso de crecimiento que Dios ha puesto dentro de la prueba.

Un niño vio un capullo sacudiéndose en un costado de un árbol. Sabía que era una mariposa luchando por salir de él, y que cuando saliera sería hermosa. Observó la lucha por un momento, porque quería ver cómo la mariposa salía volando, pero se fue impacientando a medida que pasaba el tiempo.

Así que decidió ayudar a la mariposa, que le parecía que debía estar agotada ya a esas horas. Abrió el capullo, pero la mariposa que había dentro no pudo volar, porque sus alas no tenían la fuerza suficiente. Lo que el niño no sabía era que la lucha por deshacerse del capullo era necesaria para desarrollar y fortalecer las alas de la mariposa. Aquella mariposa que él había «ayudado» no pudo volar, porque él la había hecho salir demasiado pronto.

DIOS TIENE LA MANO TANTO EN EL RELOJ COMO EN EL TERMOSTATO DE SU PRUEBA.

Usted y yo tampoco podremos volar si no dejamos que la paciencia complete su obra. Es posible que a usted no le guste su prueba, y eso es muy natural. Ciertamente, Jesús no disfrutó de su fuerte prueba, en Getsemaní la noche antes de su crucifixión, cuando su sudor se convirtió en gotas de sangre. Sin embargo, la oración que le dirigió al Padre fue: «No se haga mi voluntad, sino la tuya» (Lucas 22:42).

Lea esta historia en el evangelio de Lucas, y descubrirá que los momentos de mayor agonía para Jesús tuvieron lugar *después* que se había entregado a la voluntad del Padre. El Salvador tuvo que ser fortalecido por un ángel (v. 43), y entonces es cuando la Biblia dice que «era su sudor como grandes gotas de sangre que caían hasta la tierra» (v. 44). Pero lo soportó todo, hasta llegar a la cruz.

Lo que le estoy tratando de decir es que no tiene nada de malo que usted sienta dolor cuando soporte una prueba. Con todo, no abrevie esa prueba, porque de lo contrario no va a recibir la fortaleza que esa prueba está destinada a darle. Recuerde que Dios tiene la mano, tanto en el reloj como en el termostato de su prueba, y que ha prometido que no seremos tentados «más de lo que podemos resistir» (1 Corintios 10:13).

❷

DIOS NOS DA SABIDURÍA PARA ENFRENTARNOS A LAS PRUEBAS

En Santiago 1:5 se encuentra la gran promesa de que Dios nos va a dar la sabiduría que necesitemos para soportar una prueba y salir de ella victoriosos. La Biblia dice en este versículo: «Y si alguno de vosotros tiene falta de sabiduría, pídala a Dios, el cual da a todos abundantemente y sin reproche, y le será dada».

SABIDURÍA EN CUANTO AL CÓMO, NO AL PORQUÉ

No leamos mal esta promesa. Dios no nos está diciendo aquí que Él siempre nos vaya a responder dándonos el porqué de nuestra prueba individual. Él ya nos ha respondido, al decirnos que nuestras pruebas han sido pensadas para nuestro bien y para nuestro crecimiento.

Es decir, que la sabiduría que Él quiere que le pidamos, no es para saber el *porqué* de la prueba, sino el *cómo*; o sea, «Señor, necesito tu sabiduría para conocer la forma apropiada de reaccionar ante esta prueba, de manera que te sea fiel en medio de ella, y experimente el crecimiento y la bendición que tú tienes para mí en ella».

Desde el punto de vista bíblico, la sabiduría es la capacidad para aplicar las verdades divinas a las diversas circunstancias de la vida. Lo que necesitamos saber en nuestras pruebas es la aplicación apropiada a la vida que debemos hacer. Eso es una tarea difícil, y por eso Dios no nos promete un poco de sabiduría, sino sabiduría en abundancia. Nos promete que nos va a responder con generosidad, y eso nos permite ver el problema o la prueba desde su perspectiva, y no solo desde las realidades físicas que observamos a nuestro alrededor.

NECESITAMOS PEDIR EN FE

Esta promesa es inconcebible, pero lleva una condición añadida a ella. Tal vez nos falte sabiduría, pero eso no es excusa para una falta de fe. Leemos en Santiago 1:6-8: «Pero pida con fe, no dudando nada; porque el que duda es semejante a la onda del mar, que es arrastrada por el viento y echada de una parte a otra. No piense, pues, quien tal haga, que recibirá cosa alguna del Señor. El hombre de doble ánimo es inconstante en todos sus caminos».

Ser de doble ánimo significa que se es alguien incapaz de decidir si realmente se quiere la sabiduría de Dios, o no. Uno no puede decidir si se quiere quedar a terminar el examen, o si se quiere escapar para tomar el camino más fácil en apariencia. El cristiano de doble ánimo es un santo esquizofrénico cuya mente dividida y cuya actitud insípida no son precisamente las cosas que mueven al Señor a responder su oración. ¿Por qué? Porque «sin fe es imposible agradar a Dios; porque es necesario que el que se acerca a Dios crea que le hay, y que es galardonador de los que le buscan» (Hebreos 11:6). Dios no comulga con la incredulidad.

Ahora bien, lo que sucede con demasiada frecuencia en una prueba es que vacilamos entre Dios y el hombre; entre lo espiritual y lo físico; entre lo humano y el punto de vista divino. Esto no significa que no debamos buscar el consejo de personas espiritualmente maduras, pero cuando somos de doble ánimo no provocamos una respuesta por parte de Dios. La realidad es que son demasiados los cristianos que tratan de vivir en ambos mundos, pero terminan solo con el punto de vista del hombre, porque Dios dice que una persona así no puede esperar nada de El.

CÓMO SER UNA PERSONA DE UN SOLO ÁNIMO

Tal vez al llegar a este punto, usted esté diciendo: «¿Qué le parece si me da una ilustración tomada de la vida real sobre lo que significa ser una persona de un solo ánimo en medio de una prueba y ver la bendición de Dios?». Santiago lo hizo por nosotros en el capítulo 1, versículos 9-11, usando un ejemplo con el que todos nos podemos identificar: el dinero. «El hermano que es de humilde condición, gloríese en su exaltación; pero el que es rico, en su humillación; porque él pasará como la flor de la hierba» (vv. 9-10).

Aquí tenemos a dos personas en medio de una prueba relacionada con el dinero. El hombre pobre tiene que estirarlo para sobrevivir, y tratando de levantarse del agujero. El rico, o ha perdido la mayor parte de su riqueza, o está pasando por un problema que le está enseñando lo poco importante y temporal que es el dinero dentro del gran cuadro de la vida, y la rapidez con la que pueden desaparecer las riquezas (véase el v. 11). Tal vez se haya estado volviendo demasiado materialista, que es lo que sugieren las palabras «el rico en su humillación».

En todo caso, ¿qué les dice la Biblia a ambos hombres que hagan? Santiago dice: «No importa si usted no tiene dinero, tiene todo el que necesita o está perdiendo la mayor parte del que tiene. De todas formas, gloríese». Eso es lo que significa «gloriarse» dentro de este contexto. Esté pasando lo que esté pasando, usted puede alabar a Dios y tener gozo si se centra en las realidades espirituales de que Dios lo ama con un amor imperecedero, ejerce un firme control sobre las pruebas, y le ha prometido poder y sabiduría, no solo para que soporte la prueba, sino para que salga de ella victorioso.

TIENE QUE PASAR POR DIOS PRIMERO

Una de las razones por las cuales el libro de Job se encuentra en la Biblia, es para enseñarnos que ni siquiera Satanás se puede lanzar contra nosotros sin que Dios lo autorice primero. Por supuesto, en esta historia hay muchas cosas más, pero Job 1 y 2 revelan que el diablo tuvo que pedir la autorización de Dios antes de poder tocar a Job. Eso es un consuelo, pero la parte que a nosotros se nos hace difícil, es el hecho de que Dios le dio permiso a Satanás para perseguir a Job. Satanás ya lo había acusado de que solo servía a Dios porque Dios lo bendecía (véase Job 1:9-11).

Lo que Satanás estaba diciendo es que a Job la vida le iba bien porque no tenía oposición alguna. No tenemos aquí el espacio necesario para explorar todos los profundos interrogantes que suscita el libro de Job, pero hay varias cosas que están inconfundiblemente claras.

En primer lugar, Dios permitió que Job soportara unas pruebas más fuertes que todas las que nosotros tendremos que soportar jamás. En segundo lugar, las pruebas de Job comprendían la hostilidad de Satanás, que estaba tratando de quebrantar su fe y de hacer que se alejara de Dios. Y en tercer lugar, todo lo que tocaba a Job había pasado primero por las manos de Dios.

¿Por qué permitió Dios que Satanás tocara a Job? Porque Él quería probarlo, y tenía en su sabiduría sus propios propósitos para hacerlo. Y con el fin de lograrlo, permitió que el diablo metiera unas circunstancias adversas en la vida de Job. No estoy diciendo que todas las pruebas por las que pasemos sean ataques frontales del diablo. Sin embargo, podemos estar seguros de que el enemigo de nuestras almas se encuentra al acecho en algún lugar, buscando la forma de convertir una prueba legítima en una tentación a desobedecer a Dios.

Esta diferencia de puntos de vista es crítica. Una prueba se puede convertir en tentación, si sucumbimos ante la presión y nos alejamos de Dios. Es muy interesante que, en el Nuevo Testamento, la misma palabra griega se pueda traducir como «prueba» o como «tentación», según sea su contexto. Satanás quiere convertir la prueba de Dios en una tentación suya, y por eso necesitamos de la sabiduría divina para enfrentarnos a ella.

GANAR LA CORONA DE VIDA

Ahora bien, antes que usted se comience a sentir demasiado cargado con respecto a todo esto, volvamos a Santiago 1 para meditar en esta promesa: «Bienaventurado el varón que soporta la tentación; porque cuando haya resistido la prueba, recibirá la corona de vida, que Dios ha prometido a los que le aman» (v. 12).

Se suele entender que esta corona es una recompensa que recibimos en el cielo. Sin embargo, el contexto de Santiago 1 sugiere que no es una recompensa del cielo, sino la sonrisa de aprobación que Dios esboza sobre nosotros en la historia cuando soportamos la prueba hasta obtener la victoria, y Él nos lleva al nivel siguiente de madurez espiritual.

Al final de los sufrimientos de Job, podemos ver que es recompensado con la corona de vida. Como una buena trama de misterio, Job tiene un final sorpresivo, porque Dios no responde la ardiente pregunta sobre la razón por la cual Job pasó por unos sufrimientos tan intensos sin haber hecho nada malo. En lugar de responder a la pregunta sobre el porqué, Dios se le revela a Job en un despliegue tan maravilloso de su majestad y de su poder, que Job cae rostro en tierra.

La clave del libro se encuentra en Job 42:5, donde Job confiesa: «De oídas te había oído; mas ahora mis ojos te ven». En otras palabras, Job tenía un concepto nuevo e infinitamente más profundo acerca de Dios. Es cierto que Dios le restauró su fortuna y le dio más hijos, pero en el libro de Job, la verdadera historia consiste en que experimentó a Dios a un nivel que no había conocido nunca antes.

Job no estaba diciendo que no hubiera conocido nunca a Dios antes de sus pruebas. Sin embargo, la revelación de Dios que tenía cuando todo terminó, hizo que su experiencia anterior sobre Él le pareciera un juego de niños.

Cuando permitimos que Dios nos conduzca a través de una prueba, logramos verlo por nosotros mismos. No tenemos que depender del testimonio de otra persona. Podemos ir al estrado de los testigos y decir: «Yo sé que Él es fiel».

Dios se vuelve real en medio de las tinieblas. Su verdad salta desde las páginas de la Biblia para apoderarse de nuestra mente y de nuestro corazón. Se vuelve tan lleno de vida, que nos parece que está de pie junto a nosotros. ¿Le parece esto algo que usted querría tener? Se encuentra a su disposición en cada prueba, cuando usted lo tiene todo por sumo gozo, busca la sabiduría de Dios sin doble ánimo y lo alaba a pesar de las circunstancias.

DIOS SE VUELVE REAL EN MEDIO DE LAS TINIEBLAS.

La próxima vez que pase por una prueba, haga la prueba de orar de esta forma: «Dios mío, yo sé que tienes algo entre manos, y estoy ansioso por ver dónde estás llevando esto, porque sé que, cada vez que tú me mandas una prueba, estás preparado para hacerme crecer. Así que te pido que me des fortaleza para permanecer contigo, cueste lo que cueste. Te doy gracias porque me has prometido tu poder y tu sabiduría para enfrentarme a esta prueba».

❸

DIOS QUIERE
MADURARNOS POR MEDIO
DE LAS PRUEBAS

Es alentador observar el comienzo y el final de las pruebas por las que pasaron personajes bíblicos como Job, y ver cómo Dios les fue fiel. Sin embargo, algunas veces, cuando estamos en medio de unos tiempos difíciles, no podemos ver dónde vamos, y por eso nos podemos sentir tentados a echarlo todo a rodar, o a dar media vuelta, con la intención de aliviar las presiones.

Hacer esto equivale a suspender en el examen, y de esta manera, quedarnos sin crecer hacia la madurez espiritual. Puesto que todos llegamos en algún momento a un punto de frustración o de desaliento, necesitamos que Dios nos hable para exhortarnos e incitarnos a seguir.

Hallamos estas palabras en el libro de Hebreos, una carta escrita para los judíos cristianos que se encontraban bajo las presiones de la persecución y de las pruebas a causa de su fe en Jesucristo. Estos hebreos estaban cediendo bajo las circunstancias en las que vivían, y estaban jugando con la tentación de desechar su cristianismo para volver a los caminos y ritos familiares del judaísmo. Como consecuencia, habían dejado de crecer, y eran como adultos que no lograran salir del jardín de la infancia.

El autor de Hebreos escribe con palabras inequívocas: «Por tanto, dejando ya los rudimentos de la doctrina de Cristo, vamos adelante a la perfección». El tema básico de Hebreos es ese: «Vamos adelante a la perfección» (6:1). En otras palabras, «Sigamos caminando hacia la madurez».

Este versículo aparece al final de una sección de Hebreos muy esclarecedora, en la cual me quiero centrar al hablar con usted acerca de la forma de adquirir la madurez que necesitamos para triunfar en medio de las pruebas. Hebreos 5:11-14 y la mayor parte del capítulo 6 constituyen un paréntesis; una digresión con respecto a la línea de pensamiento principal que lleva el autor. Pero este pasaje es una digresión muy importante para nosotros, puesto que aparece en el centro de un libro escrito para exhortar a los cristianos a perseverar en medio de las pruebas.

YA ES HORA DE CRECER

En Hebreos 5:10 podemos ver que el autor se está preparando para meterse en un profundo comentario acerca de un sacerdote del Antiguo Testamento llamado Melquisedec, y las implicaciones que tiene su sacerdote como tipo del de Jesucristo. Vuelve a tomar ese pensamiento de nuevo al final del capítulo 6, pero al prepararse para enseñar acerca de Melquisedec y de su relación con Jesús, se da cuenta de que sus lectores no están listos para sumergirse en el extremo más profundo de la fe, así que vuelve atrás para hacerles una exhortación.

«Acerca de esto tenemos mucho que decir, y difícil de explicar, por cuanto os habéis hecho tardos para oír» (5:11). La palabra «tardos» traduce una palabra griega que significa «cabeza de mulo». El problema no es que el escritor no pueda explicar su enseñanza acerca de Melquisedec, sino que los hebreos no podrían recibirla, porque su comprensión espiritual había sido embotada por su obstinada decisión de no escuchar. Así cambia el tema en este paréntesis a la necesidad de madurez espiritual.

Los hebreos han tenido tiempo para crecer y madurar, porque les dice: «Porque debiendo ser ya maestros, después de tanto tiempo, tenéis necesidad de que se os vuelva a enseñar cuáles son los primeros rudimentos de las palabras de Dios; y habéis llegado a ser tales que tenéis necesidad de leche, y no de alimento sólido. Y todo aquel que participa de la leche es inexperto en la palabra de justicia, porque es niño; pero el alimento sólido es para los que han alcanzado madurez, para los que por el uso tienen los sentidos ejercitados en el discernimiento del bien y del mal» (Hebreos 5:12-14).

La epístola a los Hebreos fue escrita unos treinta años después de la resurrección de Jesús y la fundación de la Iglesia en el día de Pentecostés. Ya para entonces, es probable que la mayor parte de aquellos creyentes hebreos hubieran sido cristianos durante un tiempo suficiente para haber llegado a su edad adulta espiritual. Sin embargo, no era ese el caso.

El crecimiento y la maduración toman tiempo. Como dice Hebreos 5:14, los sentidos deben ser «ejercitados» para discernir la diferencia entre el bien y el mal.

Este principio básico tiene unas consecuencias inmensas para el tema de las pruebas. Tenemos tendencia a pensar en ellas como breves interrupciones o crisis momentáneas que pronto van a pasar si nosotros nos mantenemos constantes. Gracias a Dios, hay pruebas que sí pasan con rapidez; sin embargo, hay muchas que no. Una larga enfermedad o un hijo descarriado pueden llevar a muchas noches oscuras del alma y del cuerpo. Solo Dios puede determinar qué extensión debe tener una prueba para llevarnos al nivel de crecimiento nuevo al que Él quiere que lleguemos.

NOSOTROS PODEMOS APRESURAR NUESTRO CRECIMIENTO ESPIRITUAL

La velocidad que uno lleve es la que determina la rapidez con que va a crecer. Por Santiago 1:4 sabemos que el propósito de Dios en cuanto a nuestras pruebas es que crezcamos hasta ser «perfectos y cabales», o plenamente maduros.

Aquí es donde termina la analogía entre el crecimiento físico y el espiritual, porque es posible crecer espiritualmente a paso acelerado. Por eso vemos cristianos de cinco años que tienen más madurez que otros que fueron salvos hace treinta años.

Como pastor, he visto la realidad de este principio en la vida de muchas personas a través de las pruebas por las que pasan. Por ejemplo, dos familias pasan por una fuerte prueba en cuanto a la economía. La primera familia, según su propio testimonio, reconoce que no ha administrado bien los recursos que Dios le ha dado, el Espíritu Santo les da convicción en cuanto a la necesidad de pasar su confianza del dinero a su Señor. Aprenden la lección, comienzan a darle primero a Dios, y Él transforma su situación.

No estoy diciendo con esto que, si uno le da a Dios, se acaben todas sus preocupaciones económicas y se convierta en una persona próspera. Ese es el mensaje que proclaman ciertos predicadores; no la Palabra de Dios. Ahora bien, Dios sí honra a aquellos que lo honran a Él.

¿Qué decimos de la segunda familia de mi ilustración? Son gente que sencillamente, no acaba de comprender las cosas. No puedo contar el número de veces que ha venido gente a decirme: «Pastor, yo sé que le debería estar dando al Señor, pero en estos momentos no me lo puedo permitir». Muchas veces me dicen después que iban a comenzar a dar ese mismo mes, pero se les rompió el refrigerador, o el auto.

Por supuesto, a todos nos pasan emergencias. El problema de esta gente es que, una vez que arreglan el auto, surge alguna otra cosa que impide que sea obediente a Dios. Estoy hablando de creyentes que han estado danzando a este son durante años, y aún no han crecido hasta el punto de poder obedecer a Dios por completo. Así que Dios es fiel y les vuelve a hacer nuevos exámenes.

Tengo un amigo que dice que su situación no cambió hasta que su esposa y él tomaron una decisión absoluta e irrevocable de honrar primero al Señor, aunque eso significara que no les quedaba suficiente dinero para comer, o para pagar la hipoteca de su casa. Eso no ha sucedido, aunque a lo largo del camino han tenido los problemas con el auto, con aparatos rotos y otras emergencias, como de costumbre.

Debo mencionar que esta ilustración también funciona en el sentido opuesto. Muchos cristianos han testificado diciendo que aunque les iba muy bien económicamente sin honrar a Dios, han pagado un alto precio en cuanto a un matrimonio destruido, mala salud, pérdida de la paz mental, serios problemas de familia o alguna dolorosa combinación de estas cosas. Al final, Dios permitió que su edificio económico también se viniera abajo.

Esta cuestión de nuestra velocidad en el crecimiento espiritual es seria, sobre todo con relación a nuestras pruebas. Los hebreos habían sido cristianos el tiempo suficiente para que el escritor pudiera decir: «Debiendo ser ya maestros, después de tanto tiempo» (5:12), porque una de las evidencias de que hemos crecido es nuestra capacidad para ayudar a otros a crecer.

No obstante, en lugar de esto, aún estaban tratando de aprender lo más elemental de la fe cristiana (ese es el significado básico de las palabras «los primeros rudimentos de la palabra de Dios», v. 12b).

Pero hay más: «Y habéis llegado a ser tales que tenéis necesidad de leche, y no de alimento sólido» (v. 12c).

LA DIFERENCIA ENTRE
LA LECHE Y LA CARNE

La leche y el alimento sólido (expresión traducida también como «carne», el término que quiero usar aquí) son la dieta de los bebés y la de los adultos, respectivamente (véase Hebreos 5:13-14). Los bebés no pueden comer carne, porque su sistema no tiene la madurez suficiente para digerirla. El mismo principio es cierto en el ámbito espiritual. No tiene nada de incorrecto que un bebé necesite leche, pero aquellos creyentes hebreos no eran bebés; al menos en relación con su edad espiritual. Sin embargo, aún estaban tomando en biberón su alimentación espiritual.

Tal como se usa en pasajes como este, el término *leche* suele ser entendido como representación de las doctrinas básicas, «más sencillas» de la fe, como las del pecado y la salvación, mientras que la *carne* simboliza las partes «más profundas» o más difíciles de comprender de las Escrituras. Desde este punto de vista, Juan 3:16 sería leche, mientras que el sumo sacerdocio de Jesús según el orden de Melquisedec sería carne. Así, pasar de beber leche a comer carne equivaldría a pasar de una comprensión de principiante en cuanto a la fe, a una comprensión profunda de las doctrinas bíblicas.

El problema de limitar la leche y la carne a este concepto, es que estos términos significan más que esto. Si el crecimiento espiritual solo fuera una cuestión de contenido, entonces mientras más Biblia conociéramos, más espirituales seríamos. Pero esto no siempre es cierto. Hay cristianos que conocen mejor la Biblia que otros, pero no son tan espirituales como los que conocen menos que ellos.

Esto se debe a que la diferencia entre la leche y la carne es más honda que la diferencia en cuanto a la cantidad de conocimiento bíblico que las personas tienen en la cabeza. Definamos la leche y la carne tal como son entendidas desde el punto de vista bíblico. No solo comprenden el aprendizaje de las doctrinas bíblicas, <u>sino también la aplicación de esas doctrinas</u>. Hebreos 6:1-2 dice: «Por tanto, dejando ya los rudimentos de la doctrina de Cristo, vamos adelante a la perfección; no echando otra vez el fundamento del arrepentimiento de obras muertas, de la fe en Dios, de la doctrina de bautismos, de la imposición de manos, de la resurrección de los muertos y del juicio eterno».

En una palabra, <u>la leche</u> equivale a *comprender* lo que dice la Biblia, mientras que la carne equivale a *comprender y aplicar* lo que dice. Cuando uno comprende lo que Dios le está diciendo en su Palabra, cuando comprende lo que significa y lo que exige, tiene un delicioso vaso de leche. Esto no tiene nada de malo, porque la leche es nutritiva. Sin embargo, sola no basta para ayudarnos a crecer más allá de la infancia.

Para seguir creciendo, necesitamos carne, comida sólida. Pero la digestión de la comida sólida exige un esfuerzo más concentrado, porque hay que masticarla bien. No entra al sistema digestivo con tanta facilidad como la leche. Para decirlo en términos espirituales, usted puede asistir a todas las clases de Biblia y a todos los seminarios del mundo, y leerse todos los libros y folletos cristianos que le caigan en las manos, incluyendo este mismo. Sin embargo, por muchas verdades que reciba, si no produce una justicia y una semejanza a Cristo mayores en su vida, usted solo está bebiendo leche.

HACE FALTA PRÁCTICA

¿Qué hace falta para transformar esa leche en carne, en esa comida sólida que edifica espíritus fuertes, de la misma manera que el alimento físico edifica un cuerpo fuerte? La respuesta aparece antes, en Hebreos 5:14. Hace falta el tipo de práctica que lleva a tener los sentidos «ejercitados», lo cual dentro de este contexto es sinónimo de ser maduro.

Ahora bien, este proceso lleva tiempo. Así que, en cuanto a nuestras pruebas, hemos vuelto a nuestro punto de partida. Dios quiere que salgamos de las pruebas más maduros que cuando entramos en ellas, pero eso significa que debemos pasar tiempo en ellas, porque Él no va a acelerar el proceso. Él quiere que nosotros nos «ejercitemos» soportando las pruebas, para que estemos totalmente adiestrados y preparados para seguir adelante.

Cuando el Cristo resucitado les envió sus mensajes a las siete iglesias del Asia en Apocalipsis 2 y 3, terminó cada uno de los mensajes con esta amonestación: «El que tiene oído, oiga lo que el Espíritu dice a las iglesias». Jesús no quería que los suyos se limitaran a aprender las palabras que había escritas en sus páginas. Quería que sus sentidos espirituales quedaran tan bien ejercitados, que ellos pudieran percibir lo que el Espíritu Santo les estaba diciendo, y ajustar su vida a ello.

La labor del Espíritu Santo consiste en aplicarle las verdades divinas a su vida, de manera que usted pueda tomar decisiones agradables a Dios entre el bien y el mal; entre lo correcto y lo incorrecto. La madurez es la capacidad para tomar decisiones a partir de la verdad; no para limitarnos a recitar la verdad. Donde no hay capacidad de decisión, no hay madurez.

Mientras escribo estas líneas, mi hijo Jonathan juega fútbol para la Universidad de Baylor. Un día me llamó para decirme: «Bueno, papá, pensé llamarte para saludarte, porque no te voy a poder llamar en un buen tiempo».

Cuando le pregunté por qué, me dijo: «Porque los entrenadores nos van a confiscar los teléfonos y las llaves de los autos, y nos van a alojar en un lugar privado. Nos van a llevar en autobús al campo para practicar por la mañana, traernos de vuelta para estudiar el libro de jugadas, y después llevarnos otra vez al campo en la tarde, para que trabajemos en lo que estudiamos en la clase».

En otras palabras, los entrenadores no confían en que los jugadores, solo porque hayan oído algo en clase, lo puedan hacer en el juego.

CUANDO DIOS NOS ENVÍA UNA PRUEBA. NOS ENVÍA UNA SESIÓN DE PRÁCTICA.

Los sacan a hacer prácticas, y en ellas tienen que ejecutar una y otra vez en el campo lo que han aprendido. ¿Por qué? Porque cuando Baylor se enfrente con Nebraska, o con Texas, no pueden decir: «Un momento. Déjenme ver en el libro de jugadas cómo se hace esta». Necesitan tener los sentidos ejercitados para reaccionar. Tiene que ser una reacción automática. Y los jugadores solo consiguen eso cuando practican hasta que la práctica se convierte en ellos en una segunda naturaleza.

Dios hace con nosotros lo mismo. Cuando nos envía una prueba, nos envía una sesión de práctica. Nos está llamando a poner en práctica el lunes esa misma verdad a la cual dijimos «Amén» el domingo.

Quiero llevar esta analogía un importante paso más allá. La razón por la cual un equipo de fútbol se esfuerza tanto para ejecutar sus jugadas, es que en el juego verdadero hay otro equipo al otro lado de la pelota, que se resiste ante todos los movimientos que haga el equipo. No practican por tener ganas de practicar. Practican a sabiendas de que se van a enfrentar a una fuerte oposición en el juego real.

De igual manera, Dios quiere que nosotros practiquemos la justicia hasta que nuestros sentidos estén bien ejercitados y seamos maduros, porque el mundo, nuestra propia carne pecadora y el diablo, están esperando para resistirse a nosotros. Vamos camino de la madurez espiritual cuando la información que tomamos (la leche) es traducida a una práctica diaria (la carne). Esta es la esencia misma de la madurez espiritual, y es lo que Dios busca cuando nos envía las pruebas.

❹

PODEMOS CONFIAR
EN DIOS EN MEDIO
DE NUESTRAS PRUEBAS

Es posible que en estos momentos usted ya esté diciendo: «Ciertamente, Dios espera mucho de nosotros en nuestras pruebas». Así es, pero no hay nada que Él espere de nosotros, que ya no nos haya dado el poder necesario para que lo logremos. Y lo mejor de todo, es que podemos confiar en que Él nos va a ayudar a pasar esas pruebas. Algunas veces, solo necesitamos la motivación apropiada para mantenernos firmes y triunfar sobre ellas.

Hablando de la motivación apropiada, oí hablar de un hombre que se dirigía a pie hacia su casa en una noche fría y lluviosa. Estaba tan cansado y tenía tanto frío, que decidió tomar un atajo, atravesando el cementerio del pueblo. Lamentablemente, no vio una tumba que había sido abierta, y se cayó cuan largo era en aquel hoyo. Entró en pánico, y comenzó a tratar de subir por las paredes de la tumba al mismo tiempo que gritaba pidiendo ayuda. Pero después de un rato, comprendió que no había nadie cerca, y que no podría salir solo. Estaba tan cansado, que se acomodó en un rincón de aquella oscura tumba y se quedó dormido.

Resultó que otro hombre también estaba atravesando el cementerio en altas horas de la madrugada. También cayó en la tumba abierta y, como el primer hombre, comenzó a gritar pidiendo ayuda, y a tratar de salir. Sus gritos despertaron al primer hombre, que estaba escondido y no se veía en medio de la oscuridad. Entonces el primer hombre le puso una mano fría y húmeda en el hombro al segundo, y le dijo: «Olvídalo, hermano. Nunca vas a salir de aquí. Yo llevo horas tratando de salir». El segundo hombre salió disparado de la tumba.

NOS RODEA UNA GRAN NUBE

Con la motivación apropiada, lo podemos hacer casi todo. Los destinatarios de la epístola a los Hebreos necesitaban esa motivación apropiada en medio de sus pruebas, y por eso el autor recorrió la Galería divina de la Fe en el capítulo 11 y les señaló algunos ejemplos de personajes del Antiguo Testamento que triunfaron en sus pruebas con la ayuda de Dios. Después de esto, el autor regresa con sus mejores palabras de aliento, motivación y advertencia en Hebreos 12:1-3:

> Por tanto, nosotros también, teniendo en derredor nuestro tan grande nube de testigos, despojémonos de todo peso y del pecado que nos asedia, y corramos con paciencia la carrera que tenemos por delante, puestos los ojos en Jesús, el autor y consumador de la fe, el cual por el gozo puesto delante de él sufrió la cruz, menospreciando el oprobio, y se sentó a la diestra del trono de Dios. Considerad a aquel que sufrió tal contradicción de pecadores contra sí mismo, para que vuestro ánimo no se canse hasta desmayar.

La idea central de Hebreos 12:1 es que si Dios pudo mantener sus ojos fijos en Abraham cuando dejó todo el mundo conocido para trasladarse a una tierra extraña y allí vivir en tiendas, entonces tampoco va a perdernos de vista a nosotros. Si Dios pudo sostener a Moisés cuando dejó los placeres y las riquezas de Egipto por la vida de un humilde pastor, entonces también nos puede sostener a nosotros. Usted y yo no estamos aquí solos. Los hombres y las mujeres de Dios han estado viviendo por fe bajo las circunstancias más penosas, y como Jesús es hoy el mismo que era ayer (véase Hebreos 13:8), podemos confiar en que Él nos va a guardar con su poder. Podemos confiar en Dios en medio de nuestras pruebas.

NUESTRA FE MUEVE EL PODER DE DIOS

Confiar en Dios cuando no podemos ver dónde nos está llevando, o cuando parece como si nos dirigiéramos a un precipicio, es un acto de fe. La fe es el tema de Hebreos 11, como nos dice el primer versículo: «Es, pues, la fe la certeza de lo que se espera, la convicción de lo que no se ve».

La fe consiste sencillamente en creer a Dios, teniendo una seguridad absoluta de que Él es totalmente veraz en todo lo que dice. Tiene un contenido definido, aunque no se pueda ver ese contenido. En la fe, la cuestión siempre está en su objeto, no en la fe en sí misma. Dios nos llama a tener fe en un objeto que es lo suficientemente grande y digno para merecer nuestra confianza: Él mismo y sus promesas.

Hay algunas cosas que no son dignas de nuestra confianza. Para mi esposa, los aviones pequeños caen dentro de esta categoría. En una ocasión, yo tenía que hablar en un lugar que era difícil de alcanzar en un avión de las líneas comerciales. Por eso, nuestro anfitrión nos dijo que nos iban a enviar un avión privado de cuatro plazas para que nos recogiera a mi esposa y a mí. Pero ella no aceptó el trato. «De ninguna manera vas a lograr que me meta en un avioncito como ese. ¡Yo no voy!»

Yo traté de convencerla, pero ella no estaba dispuesta a abordar ese avión. Entonces usé mi enfoque de predicador y le dije: «Lo que pasa es que no tienes suficiente fe».

> MUCHOS CRISTIANOS HABLAN EL LENGUAJE DE LA FE, PERO NO CAMINAN EN ELLA.

Pero ella me respondió: «No; lo que pasa es que tú no tienes suficiente avión».

Arreglamos las cosas de manera que pudiéramos viajar en una aerolínea comercial, y mi esposa me acompañó. Yo le dije: «Ya veo que tu fe ha crecido».

«Eso es porque tu avión también creció».

La razón por la que muchos de nosotros tenemos una fe pequeña, sobre todo cuando estamos pasando por pruebas, es que tenemos un Dios pequeño. Por eso, la doctrina que es más importante que comprenda un cristiano es la doctrina acerca de Dios, porque nuestro concepto de Él es el que va a determinar el tamaño de nuestra fe.

La fe consiste en estar persuadido de que Dios siempre dice la verdad. Así que, cuando Él dice: «No te desampararé, ni te dejaré» (Hebreos 13:5), podemos sentir tan segura esa promesa, como si fuera dinero en el banco. Dicho sea de paso, no es coincidencia que este versículo aparezca al final de Hebreos. El autor había estado diciendo: «No le vuelvan la espalda a Cristo para alejarse de Él», y ahora concluye diciendo: «Pueden salir adelante, porque Dios nunca les va a volver la espalda para alejarse de ustedes».

Dios nunca le pide a nadie que actúe a partir de eso que se suele llamar fe ciega. El mensaje de Hebreos 11 es que muchas personas le tomaron la palabra a Dios y triunfaron, incluso cuando las cosas eran más difíciles. Los héroes de Hebreos 11 nos pueden decir a nosotros: «Hemos estado donde usted van, hemos peleado y ganado la batalla, y esto les podemos decir: Que Dios es fiel».

CÓMO MANTENERSE CENTRADO EN CRISTO

Es estupendo que alguien nos diga que nosotros también podemos triunfar. Sin embargo, no se pierda lo básico en Hebreos 11 y 12. Tenemos que mantener los ojos fijos en Jesús, no en la gente que ha ido por delante de nosotros. A ellos los miramos, pero nos centramos en Jesús.

Lo cierto es que son demasiados los cristianos que están más dispuestos a poner su fe en otro ser humano, que en Dios. Confiamos en los médicos, los farmacéuticos y toda clase de gente cuando nos dicen que eso que nos están dando nos va a hacer bien. Ni siquiera podemos leer la receta que nos da nuestro médico, pero tomamos la decisión de fe de tomarnos esa medicina sobre la cual no sabemos nada.

Muchos cristianos hablan el lenguaje de la fe, pero no caminan en ella. Y como vimos antes, «sin fe es imposible agradar a Dios» (Hebreos 11:6).

Esto me recuerda una comunidad campesina que estaba pasando por una sequía tan grande, que los agricultores estaban en peligro de perder sus cosechas. La situación era tan mala, que los pastores convocaron a una reunión especial de oración para pedir lluvia. Todos llegaron a la reunión con sus Biblias y oraron durante dos horas pidiendo la lluvia, pero no sucedió nada, así que todos se fueron a sus casas.

Es decir, todos menos un joven que había al fondo de la iglesia. Este salió, miró hacia arriba y dijo: «Señor, necesitamos lluvia. Estamos en una crisis, y tú nos prometiste que atenderías todas nuestras necesidades, así que estamos esperando que llueva». Pronto comenzaron a formarse las nubes de lluvia y, al cabo de poco tiempo, empezó a llover. El joven dibujó una amplia sonrisa en su rostro, y sacó el paraguas que había traído a la reunión de oración, lo abrió y se marchó a su casa. Los otros decían que creían en Dios, pero aquel joven actuó como aquel que cree realmente en Él.

Si usted se siente como si estuviera pasando por una sequía en medio de su prueba, ¿ha acudido a Dios con el paraguas en la mano, listo para oír hablar al cielo? Si estamos llevando una vida carente de fe, estamos disgustando a Dios, que se siente molesto con nosotros cuando no confiamos en Él, porque nada puede ocupar el lugar de la fe.

Estamos rodeados por una nube de testigos que dan fe del hecho de que Dios está diciendo la verdad cuando promete llevarnos de la mano, cualquiera que sea la situación a la que nos enfrentemos. Usted puede triunfar en la batalla o la crisis en la que se encuentre ahora mismo, porque puede confiar en Dios en medio de ella. Y tiene una gran nube de testigos del pasado que le recuerda que usted sirve al mismo Dios inmutable y eternamente fiel.

TENEMOS QUE ENTRAR EN LA CARRERA

Es estupendo sentarse en las gradas para vitorear a los que están ganando el juego. Pero no basta; tenemos que entrar nosotros mismos en el juego, o correr nuestra propia carrera, para usar la imagen de Hebreos 12:1. Tampoco podemos correr como a nosotros nos parezca. Mire las indicaciones que nos da la Biblia.

Puesto que estamos rodeados por estos testigos, el reto que tenemos ante nosotros es el de despojarnos «de todo peso y del pecado que nos asedia». ¿Qué pecado tiene el poder de asediar a Cristo y hacer que todos tropecemos? Bueno, si el contexto de estos versículos es la necesidad de fe, el pecado que tanto nos asedia es el pecado de incredulidad. La incredulidad tiene tanto poder que fue capaz de retener a toda la nación de Israel, alrededor de dos millones de personas, fuera de la Tierra Prometida durante cuarenta años.

Moisés le había entregado a Israel el mensaje divino de liberación y salvación en Egipto, y el pueblo vio cómo el milagroso poder de Dios lo sacaba de la dura prueba de la esclavitud. Pero cuando llegó el momento de cruzar la frontera para entrar a la Tierra Prometida, el pueblo se echó atrás.

¿Qué había salido mal? El libro de Hebreos nos lo dice, porque el escritor estaba tratando de impedir que aquellos creyentes cometieran el mismo pecado de incredulidad al echarse atrás en lugar de seguir a Dios. Según Hebreos 4:2, la palabra de Dios que escucharon los israelitas «no les aprovechó […] por no ir acompañada de fe en los que la oyeron».

NECESITAMOS LA COMBINACIÓN CORRECTA

Una versión traduce que la palabra «no estaba mezclada con fe». Se pueden meter en cemento las bases de un columpio para niños, o de una canasta de baloncesto, o cualquier cosa que uno quiera, pero hay que mezclar ese cemento con agua para hacer hormigón. Si usted se encuentra en una situación y necesita un ancla para su alma, lo que necesita es combinar la verdad de Dios con su fe. Es decir, necesita actuar seguro de que Dios le proporcionará la fortaleza necesaria para soportar su prueba.

Hebreos 12:1 dice que, una vez liberados del pecado de incredulidad que nos asedia, podremos correr «con paciencia» la carrera. Esto está de acuerdo con lo que afirma Santiago acerca de nuestras pruebas: «Tenga la paciencia su obra completa» (Santiago 1:4). Siga adelante; no se dé por vencido.

CONFIAR EN DIOS ES LO QUE IMPEDIRÁ QUE USTED ENTRE SOLO EN SU CRISIS.

Usted dirá: «Pero es que estoy cansado». No importa; Dios le va a dar gracia para seguir adelante el día de mañana, y mañana va a ir a su encuentro con más gracia para seguir adelante pasado mañana. Necesitamos escuchar la orden dada por Jesús al respecto: «No os afanéis por el día de mañana, porque el día de mañana traerá su afán» (Mateo 6:34). En estos momentos, tal vez no vea nada más que la crisis, pero la Palabra de Dios le asegura que Cristo se encuentra presente en esa crisis. Y en realidad, eso es todo lo que necesita saber cualquiera de nosotros.

Por eso se nos dice en Hebreos 12:2 que mantengamos los ojos fijos en Jesús. Él es el «autor», el arquitecto de nuestra fe, y su «consumador», el que la completa. Lo cual equivale también a decir que Él lo es todo entre el principio y el fin de esta carrera que se llama «la vida cristiana». El momento de mirar hacia el Salvador no es solo el momento en que las cosas van bien y estamos cantando sus alabanzas, sino también es el momento cuando el dolor es más intenso, y sentimos como si nos fuéramos a derrumbar en cualquier momento.

SIN MIEDO AL HORNO

¿Se acuerda de los tres jóvenes hebreos de Daniel 3? Eran cautivos del rey Nabucodonosor de Babilonia, así que considero que esto reúne las cualidades de una prueba. El rey había hecho una imagen de oro y había decretado que todos en Babilonia se tenían que inclinar ante ella y adorarla. Pero aquellos tres jóvenes judíos no podían hacer eso sin violar el mandamiento divino de no adorar a ningún otro dios, así que se negaron.

Ahora, el viejo rey Nabuco creyó tener la carta del triunfo en la manga. «Porque si no la adorareis, en la misma hora seréis echados en medio de un horno de fuego ardiendo; ¿y qué dios será aquel que os libre de mis manos?» (Daniel 3:15).

En lo que al rey respecta, las únicas opciones eran adorar o arder. Sin embargo, aquello no movió para nada a aquellos jóvenes hebreos, porque ellos tenían una tercera opción: creer. Me encanta lo que le respondieron al rey: «No es necesario que te respondamos sobre este asunto» (v. 16; véase también vv. 17-18).

En otras palabras: «Esto va a pasar muy rápido. No necesitamos ni pensarlo, Alteza. Ya lo hablamos antes de aceptar este trabajo, y acordamos que si llegaba el momento de escoger entre nuestro Dios y tú, Nabuco, tú saldrías perdiendo. Si nuestro Dios quiere, Él nos puede librar de tu horno ardiente, porque Él es capaz de hacerlo. Pero aunque no quiera, y nos asemos hasta morir allí dentro, Él sigue siendo el único Dios, y nosotros no vamos a adorar a tu absurda imagen» (paráfrasis de Evans).

Ahora bien, le suplico que no se salte la frase con la que comienza el versículo 18: «Y si no [nos libra del fuego]». Nos encanta escuchar la parte de la historia en la que Dios libera a los tres jóvenes hebreos del horno de fuego, y más tarde liberaría a Daniel de la guarida de los leones. Y está bien, porque son emocionantes ejemplos del poder que tiene Dios para liberar a los suyos de las peores prueba que nos podamos imaginar.

Pero lo importante de Daniel 3:18 es que estos tres jóvenes se daban cuenta de que Dios podría decidir que no los libraría de la forma que ellos esperaban. Comprendían que si desafiaban al rey y confiaban en Dios, los podrían echar al horno y sacarlos hechos un churrasco. Sin embargo, lo que Dios decidiera estaría bien para ellos, porque creían que Él actuaría a su favor, y pusieron en acción su fe cuando todo lo que habrían tenido que hacer para evitar una sentencia de muerte, era doblar la rodilla por un segundo delante del rey.

Cuando fijamos los ojos en Jesús y comenzamos a actuar conscientes de que lo dicho por Él es cierto, estamos en una situación en la que solo podremos ganar. Aunque usted salga de su próxima prueba en un horno de fuego con los pies por delante, «ausentes del cuerpo, y presentes al Señor» (2 Corintios 5:8). Con Cristo es imposible perder.

CON DIOS SON CUATRO

Amigo mío, no le puedo prometer que la confianza en Dios lo vaya a sacar de su crisis. Sin embargo, sí le puedo prometer que confiar en Dios es lo que impedirá que usted entre solo en su crisis. La Biblia dice que un cuarto personaje se unió a los jóvenes hebreos dentro del horno de Nabuco (véase Daniel 3:25).

Yo creo que cuando los tres jóvenes se vieron en el horno, no se deprimieron. Me parece que deben haber estado cantando los cánticos de Sión. Tenían el gozo del Señor, el mismo que tuvo Jesús aun a la sombra de su cruz. «El gozo de Jehová es vuestra fuerza» (Nehemías 8:10).

El autor de Hebreos dice acerca de Jesús: «El cual por el gozo puesto delante de él sufrió la cruz» (12:2). La cruz no era algo por lo que Jesús habría querido pasar, pero fijó los ojos en su Padre del cielo y en el gozo que tendría cuando hubiera realizado a la perfección la voluntad de ese Padre, redimiendo a unos pecadores sin esperanza como nosotros, y saliendo triunfante de la tumba tres días más tarde.

Hebreos 12:2 dice que Jesús, después de soportar la cruz, «se sentó a la diestra del trono de Dios». Eso es muy emocionante, porque significa que Jesús terminó su obra redentora y ahora está entronizado en el cielo. Después leemos en el versículo 3: «Considerad a aquel que sufrió tal contradicción de pecadores contra sí mismo, para que vuestro ánimo no se canse hasta desmayar».

Permítame mostrarle algo que espero que lo ayudará a mantenerse firme y a tener gozo en el corazón mientras pasa por las pruebas de la vida. La Biblia no solo dice que Jesús está sentado a la diestra del Padre en el cielo, sino también que nosotros estamos sentados con Él «en los lugares celestiales» (Efesios 2:6).

Esto no es solamente algo que vayamos a disfrutar algún día cuando lleguemos al cielo. Es nuestra realidad actual como creyentes. Por eso, si usted se siente a punto de descorazonarse en medio de su prueba, antes de echarlo todo a rodar, mire hacia arriba para ver a Jesús sentado a la diestra del Padre. Y porque usted está allí con Él, también tiene acceso a todo lo que Dios Padre tiene para usted. Jesús se sentó porque había acabado su carrera; su obra como Salvador nuestro. Y ahora, su poder, su gozo y su gracia se hallan a nuestra disposición para ayudarnos a terminar nuestra carrera. Mantenga los ojos fijos en Él, que es el autor y consumador de nuestra fe.

❺

PODEMOS PONER UNOS CIMIENTOS CAPACES DE SOPORTAR CUALQUIER PRUEBA

Hay una sección de la ciudad de Dallas que está pasando por una asombrosa transformación. El proyecto de construcción es un diseño de ingeniería llamado proyecto de los «Cinco Elevados», porque cuando haya sido terminado dentro de un par de años más, habrá cinco niveles de pasos elevados para aliviar la congestión y mantener fluido el tránsito en un lugar donde se encuentran dos de las autopistas con mayor actividad dentro de la ciudad.

Es realmente increíble ver levantarse este proyecto. Va a haber más de ochocientas columnas inmensas de hormigón para soportar los elevados, y el quinto nivel parece como si fuera a ser lo suficientemente elevado como para hacer que al conductor le sangre la nariz.

Ahora bien, a mí me gusta conducir, y me gustan las buenas aventuras, pero le voy a decir algo. Antes de subirme al quinto nivel de esa carretera, quiero estar seguro de que los obreros no escatimaron nada en los cimientos de hormigón que la sostienen. El momento en que uno se acerca al lugar más alto de un elevado que está colgado en el aire, sobre todo si el viento sopla duro, es un momento muy pobre para descubrir que los cimientos que hay debajo de uno son inestables.

Cuando una prueba difícil lo está golpeando a uno, también es un tiempo muy malo para descubrir que sus cimientos espirituales son inestables. Así que quiero terminar este librito ayudándolo a poner en su vida un cimiento sólido que lo capacite para soportar cuanta prueba le lancen encima el mundo, la carne o el diablo. Además, tengo el mejor «arquitecto» posible para hacer el trabajo: el propio Jesucristo.

¿HASTA QUÉ PUNTO SON FIRMES SUS CIMIENTOS?

Jesús terminó el mayor de cuantos sermones se hayan predicado jamás, el sermón del Monte, con una de las historias más conocidas de toda la Biblia. Habló de dos hombres que construyeron sus casas sobre unos cimientos diferentes, y describió lo que le sucedió a la casa de cada uno de ellos:

> Cualquiera, pues, que me oye estas palabras, y
> las hace, le compararé a un hombre prudente,
> que edificó su casa sobre la roca. Descendió
> lluvia, y vinieron ríos, y soplaron vientos, y
> golpearon contra aquella casa; y no cayó, por-
> que estaba fundada sobre la roca. Pero cual-
> quiera que me oye estas palabras y no las hace,
> le compararé a un hombre insensato, que edi-
> ficó su casa sobre la arena; y descendió lluvia,
> y vinieron ríos, y soplaron vientos, y dieron
> con ímpetu contra aquella casa; y cayó, y fue
> grande su ruina (Mateo 7:24-27).

Usted ha escuchado la historia de dos ciudades. Bien, aquí tenemos la historia de dos hombres. Tenían mucho en común, pero había una diferencia básica muy importante entre ellos, que es el punto central de la historia relatada por Jesús.

Veamos primero los parecidos. Ambos hombres tenían el mismo sueño. Querían edificar una casa para su familia. En la Biblia se usa la imagen de la edificación de una casa en varios contextos distintos. Se puede referir a la edificación de la propia vida personal. También se puede referir a la familia de la persona. El Salmo 127 nos da la fórmula para edificar una casa que el Señor pueda bendecir, pero el salmista está hablando de mucho más que el simple hecho de levantar unas estructuras físicas. Está hablando de la forma de edificar una familia espiritual fuerte. Podemos dar por sentado que los dos hombres de Mateo 7 también querían edificar una vida y una familia felices.

No obstante, más aun, también podemos decir que ambos tenían el mismo pastor. Jesús dice que ambos hombres escucharon sus palabras. Ambos escucharon al mismo predicador, y no hay mejor predicador que Jesús. O sea, que ambos estaban en contacto con la verdad de Dios, pronunciada por los labios de Dios mismo.

Ahora bien, los parecidos entre estos dos hombres se desvanecieron cuando la tormenta los azotó, porque el viento y las olas revelaron una diferencia crítica entre ambos: los distintos cimientos que tenían sus casas y sus vidas. Esta diferencia es tan importante, que Jesús dice del primer hombre que era «prudente», y del segundo que era «insensato». Necesitamos reflexionar sobre esos dos términos.

LA MANERA DE EVITAR UNOS CIMIENTOS HECHOS CON INSENSATEZ

La persona prudente puede hacer que lo dicho por Dios pese sobre su proceso de toma de decisiones, y llegar a una conclusión que honre a Dios. Alguien ha descrito la sabiduría del prudente como la habilidad de llevar una vida bíblica. En el relato de Jesús, el primer hombre tenía esa habilidad.

Pero Jesús llama «insensato» al otro hombre, usando una palabra que significa «morón, idiota». En la Biblia, el insensato no es aquel a quien le falta capacidad para conocer, sino la persona que tiene una falta total de comprensión y discernimiento bíblicos y, por consiguiente, tiene una falta total de habilidades para la vida. Peor aun, el insensato ni siquiera reconoce su insensatez, de manera que la pueda corregir.

La diferencia entre los dos hombres de Mateo 7 se manifiesta en la manera de enfocar la edificación de sus casas. El hombre prudente edificó su casa sobre unos cimientos calificados como «la roca»: el propio Jesús. El evangelio de Lucas dice que «ahondó»; cavó hondo (Lucas 6:48). En cambio, el hombre insensato edificó su casa sobre arena.

¿Por qué habría nadie de edificar una casa sobre algo tan inestable como la arena? Tal vez fuera que se quería ahorrar un poco de dinero. Los cimientos de roca son más costosos que la arena. A lo mejor el hombre insensato también se quería ahorrar parte del trabajo duro y el tiempo, optando por unos cimientos más fáciles. En realidad, no se puede hacer nada para preparar unos cimientos puestos en la arena, porque si uno trata de cavar hondo, la arena se derrumba sobre lo cavado. Por eso la gente de la Florida no tiene sótanos.

Se puede saber lo alto que van a ir los obreros de una construcción con el edificio, viendo lo profundo que penetran en el suelo para poner los cimientos. Los cimientos deben ser dignos de la estructura que se va a construir; de lo contrario, alguien se verá en problemas. Una de las imagen del once de septiembre que yo nunca olvidaré es el enorme agujero del Suelo Cero, donde se nota el tamaño gigantesco de los cimientos que soportaban a las torres gemelas del Centro Mundial del Comercio, en Nueva York.

No se puede levantar un edificio alto sin cavar hondo primeramente. Me asombra cómo, en el ámbito espiritual, muchas personas que quieren volar muy alto, no están dispuestas a comenzar muy abajo primero. Estoy hablando de tomarse el tiempo y el esfuerzo necesarios para poner unos cimientos sólidos en su vida por medio de las disciplinas de la Palabra, la oración, la adoración, el testimonio, el ayuno y las demás facetas de la vida cristiana.

Le hago una sugerencia que le va a ahorrar dinero si alguna vez viaja a Italia. No vaya a ver la torre de Pisa. Nunca me sentí tan desilusionado, como lo estuve cuando vi aquel diminuto edificio inclinado. Eso era todo lo que había. Pero al menos, la torre de Pisa sirve para ilustrar el valor que tiene edificar con los cimientos debidos.

La torre está inclinada porque Pisa se encuentra sobre terrenos pantanosos. De hecho, la palabra *pisa* significa «pantanoso». La torre fue edificada sobre el fango sin el cimiento que necesitaba, y uno de sus lados se comenzó a hundir en el terreno pantanoso. Hace pocos años estuvo incluso en peligro de caer, de manera que tuvieron que reforzarla.

El hombre insensato de la historia de Jesús edificó «la casa inclinada de Galilea», por decirlo así, y la casa quedó destruida cuando llegaron las tormentas. En cambio, el hombre prudente pudo pasar la tormenta, y el único contraste entre ambos era el de sus cimientos.

PONGA EN FUNCIONAMIENTO LA PALABRA DE DIOS

¿Qué hizo que existiera una diferencia de tanta importancia? Jesús dice que fue la diferencia entre limitarse a oír sus palabras, y oírlas para ponerlas en práctica. Ambos hombres disponían de la mitad de los elementos adecuados para tener unos cimientos sólidos. Ambos habían oído las palabras de Jesús. Ambos habían ido a la iglesia y habían escuchado la Palabra, por ponerlo en el lenguaje de hoy. Pero el primer hombre se llevó la Palabra a su casa y la aplicó, mientras que el segundo, al salir de la iglesia, dejó en la banca lo que había oído, junto con su boletín del culto todo arrugado.

El primer hombre actuó desde un punto de vista divino, mientras que su vecino, con su bella casa en la playa, operó desde un punto de vista humano. No sé si usted se habrá dado cuenta alguna vez, pero el punto de vista humano está lleno de arena. Y la arena se mueve y cambia según la dirección en la que esté soplando el viento en el momento.

El punto de vista humano es el que le permite a la persona creer todo lo que la televisión le dice que crea. Es el que tal vez haga que la persona se sienta cómoda por un tiempo, pero cuando llega la marea alta de la vida, arrasa con ella.

Como ve, la cuestión de ser prudente o ser insensato no tiene que ver con la iglesia a la que asista uno, ni la frecuencia con que asista. Tiene que ver con lo que nosotros hacemos con la verdad de Dios. Tal vez usted sepa recitar la Palabra de memoria, pero ¿aplica a la práctica la verdad que ha aprendido de memoria, porque cree que Dios ha hablado, y que no ha dicho cosas absurdas?

No basta con oír la Palabra de Dios. El apóstol Santiago dice que no es el «oidor olvidadizo», sino el «hacedor de la obra», el que será bendecido en todo lo que haga (Santiago 1:25).

HE AQUÍ EL SALDO FINAL

Si yo estuviera predicando en este instante, es posible que en este punto dijera: «Y para terminar», porque aquí es donde quiero centrar su atención. La tormenta que azotó a las dos casas de la historia de Jesús no determinó qué cimientos habían puesto aquellos hombres, sino que solo los puso al descubierto.

Aquella tormenta no era una simple lluvia de verano. Las lluvias y los vientos fueron lo suficientemente fuertes para derrumbar una casa. Es el tipo de tormenta que rompe ventanas y que levanta el techo y lo tira. Cuando usted se encuentre con una tormenta así, más le valdrá que tenga los cimientos correctos.

Si su fundamento es Jesús, usted va a poder resistir la tormenta. Pero permita que le diga un secreto. Si Él no es su fundamento, usted necesita comenzar hoy mismo a echar nuevos cimientos, porque no es posible echarlos cuando está diluviando. Se pueden echar unos cimientos sólidos antes de una tormenta, o después de ella, pero nunca durante la tormenta. El centro de una crisis es un tiempo terrible para descubrir que nuestra casa se está sacudiendo y temblando porque está perdiendo sus cimientos.

JESÚS ESTÁ PRESENTE, PASE LO QUE PASE

Tal vez alguien diga hoy: «Bueno, yo pensaba que mi fundamento era Jesús. Pero ahora ya no estoy tan seguro, porque esta prueba me está azotando, y siento que mi vida se va a derrumbar. Estoy muerto de miedo y, para ser realmente sincero, me he estado preguntando si Jesús sabe en realidad por lo que yo estoy pasando».

Si alguna vez se ha sentido así, usted no está solo. Son muchos los cristianos que han tenido las mismas preguntas en medio de la tormenta, y por eso quiero llevarlo a Marcos 4:35-41, un episodio de la vida real de Jesús y sus discípulos.

Aquel día, Jesús metió a los discípulos en una barca y les dijo: «Pasemos al otro lado». Se refería al otro lado del mar de Galilea. Comenzaron a atravesarlo, pero cayó de repente sobre ellos una inmensa tormenta, y se vieron en peligro. La palabra griega usada para referirse a esta palabra hace destacar que surgió de la nada; era una de aquellas tormentas totalmente inesperadas por las que era famoso el mar de Galilea.

Ahora bien, los discípulos tenían experiencia en el mar, pero esta vez cundió el pánico entre ellos. Habían comenzado a hacer agua, cuando alguien recordó: «Oigan, un momento. Jesús está con nosotros». Así que se pusieron a buscarlo, pero cuando lo vieron se sintieron un poco «evangélicamente molestos», porque Jesús estaba durmiendo en la popa de la barca (el véase 38).

Los discípulos se enojaron. ¿De qué les servía tener a Jesús en su barca, si Él estaba dormido cuando más ellos lo necesitaban? ¿De qué sirve tener un Libertador que no lo está librando a uno de la tormenta? Así que despertaron a Jesús y le hicieron esta acusadora pregunta: «Maestro, ¿no tienes cuidado que perecemos?» (v. 38). En otras palabras: «Jesús, detestamos molestarte, pero nos vendría bien un poco de ayuda ahora. Si realmente te interesamos, levántate y haz algo».

Nos podemos sentar en la iglesia para cantar aquel viejo himno que pregunta si a Jesús le importan las cosas que nos pasan. El himno da una resonante respuesta: «Claro que sí; a Él le importan. Yo sé que le importan». Pero cuando es azotada nuestra casa, o nuestra barca está haciendo agua, tenemos la tentación de decir: «Hola. ¿Hay alguien por allí? Jesús, si realmente yo te importara, estarías haciendo algo. Yo estoy aferrado a lo que puedo, pero tú estás durmiendo».

DIOS NO LO HA OLVIDADO

Jesús se levantó y calmó la tormenta. Esa fue la parte fácil. Después se volvió hacia los Doce y les dijo: «¿Por qué estáis así amedrentados? ¿Cómo no tenéis fe?» (Marcos 4:40).

Teniendo en cuenta la realidad que estaban viviendo, la pregunta de Jesús parece un poco dura. Pero la hizo, porque sus hombres habían olvidado lo que Él les había dicho antes de meterlos en la barca: «Pasemos al otro lado». No tenía intención alguna de permitir que sus discípulos navegaran hasta la mitad del camino y se ahogaran.

Los Doce lo habían oído decir esto, pero en medio de su crisis se habían olvidado de lo que había dicho. La Palabra no había permanecido en ellos. La tormenta era en ese momento la que estaba determinando su teología. Jesús tenía interés en ellos, pero ellos habían perdido de vista esa realidad.

SI SU FUNDAMENTO ES JESÚS. USTED VA A PODER RESISTIR LA TORMENTA.

Cuando le parezca que se está ahogando, recuerde lo que dijo Jesús.

Cada vez que le parezca que su Dios se ha ido a dormir y no le hace caso, sepa que Él tiene en su mente un propósito. No se ha olvidado de dónde está usted, y no ha dejado de interesarse por usted. Quiere ver lo que va a hacer con su Palabra cuando lo azote la tormenta.

Y no se equivoque: va a llover. Van a venir tormentas. Hay quien dijo con toda razón que, o estamos saliendo de una tormenta, en medio de una o a punto de entrar en una. Va a llover. Después que Jesús calmó la tormenta, los discípulos sintieron temor de Él (Marcos 4:41). Está bien. Si le va a temer a algo, mejor que tema a Jesús, y no al viento ni a la lluvia.

¿Sabía Jesús que se acercaba una tempestad? Por supuesto. ¿Hizo que los discípulos se metieran en ella a propósito? Sí, lo hizo. ¿Por qué? Por qué quería enseñarles la misma lección que nosotros necesitamos aprender una y otra vez. Cuando tenemos a Jesús, tenemos unos cimientos que han sido construidos pensando en las tormentas de la vida. No hay nada que lo sorprenda o lo abrume a Él. Si Jesús es el fundamento de su vida, usted puede soportar los azotes que le dé la vida. No hay nada que pueda hundir su barca cuando Jesús está en ella.

Dios ya ha determinado qué va a encontrar usted en el camino, y Él es suficiente para usted. Pero usted necesita aprender a absorber su Palabra y llevarla a la práctica. Dios ha sido veraz y nos ha dicho que podemos estar seguros de que aparecerán las tormentas. Y nos ha dado en su Palabra y en la presencia continua de su Santo Espíritu todo lo que necesitamos para que recordemos esa Palabra y tengamos ayuda a la hora de aplicarla.

Cuando yo era niño, mi padre me compró uno de esos sacos de boxeo que tienen una base amplia. Por duro que le pegara al saco, o por mucho que le pegara, seguía regresando a su posición inicial, porque estaba bien anclado en su base. Tenía un fundamento que era más fuerte que mis puñetazos más duros.

Algunas veces, la vida lo va a golpear con el puño cerrado, y tal vez usted se tambalee. Sin embargo, si Jesús y su Palabra son su ancla, su fundamento, usted va a volver a su posición inicial. Habrá ocasiones en que Satanás lo golpeará, pero si Cristo y su Palabra son su fundamento, usted volverá a su posición, aunque se meza un poco. ¿Cómo lo sé? Porque «mayor es el que está en vosotros, que el que está en el mundo» (1 Juan 4:4).